Enrique del Cerro Calderón

Análisis de dos relatos breves insertos en la trama de "El asno de oro" de Lucio Apuleyo

GRIN Publishing

Bibliographic information published by the German National Library:

The German National Library lists this publication in the National Bibliography; detailed bibliographic data are available on the Internet at http://dnb.dnb.de .

Imprint:

Copyright © 2011 GRIN Verlag, Open Publishing GmbH
Print and binding: Books on Demand GmbH, Norderstedt Germany
ISBN: 978-3-656-31460-8

GRIN - Your knowledge has value

Since its foundation in 1998, GRIN has specialized in publishing academic texts by students, college teachers and other academics as e-book and printed book. The website www.grin.com is an ideal platform for presenting term papers, final papers, scientific essays, dissertations and specialist books.

Visit us on the internet:

http://www.grin.com/

http://www.facebook.com/grincom

http://www.twitter.com/grin_com

Análisis de dos relatos breves insertos en la trama de

El asno de oro de Lucio Apuleyo

Enrique del Cerro Calderón

"Pervivencia de la novela"

Máster en el mundo clásico y su proyección en la cultura occidental

Curso 2010- 2011

En el presente trabajo vamos a centrarnos en el análisis de dos narraciones insertas en la novela *El asno de oro de* Lucio Apuleyo[1]: el relato de Telifrón y la historia de Cárite. Se trata de valorar la habilidad del autor como narrador. Para el relato de Telifrón nos fijaremos en cómo se inserta en el relato principal e identificaremos las características del relato breve que presenta. En lo que respecta a la historia de Cárite analizaremos el método narrativo y reconstruiremos la trama y la fábula. Por último, lo contrastaremos con el relato de Telifrón.

a) El relato de Telifrón:

La historia de Telifrón es un relato de ficción de carácter anecdótico que se inserta de forma natural en la narración principal con la excusa de satisfacer la curiosidad de Lucio, el protagonista, por todo lo que tiene que ver con el mundo de la magia en la región de Tesalia, Grecia. Estando en Hípata, en un banquete en casa de Birrena, amiga de su madre, ésta y Lucio se muestran de acuerdo sobre la libertad de que goza el individuo en esa ciudad con respecto a otras. Sin embargo, no todo es perfecto pues la hechicería, por la que es famosa la región, amenaza tanto a vivos como a muertos. Para ilustrar este hecho es por lo que la propia Birrena le pide a uno de sus invitados, Telifrón, que relate su penosa historia.

La trama de la misma es la siguiente: Telifrón, un joven milesio, llega a Tesalia, a Larisa, en busca de provisiones. Allí escucha al pregonero local solicitar los favores de alguien que se ofrezca para velar a un muerto a cambio de una cuantiosa suma de dinero. Telifrón acepta no sin antes escuchar la advertencia del pregonero sobre las malas artes de las brujas que, adoptando diversas formas se las ingenian para mutilar el rostro de los muertos y así utilizar estas partes en su magia. En caso de que esto suceda, el vigilante debe responder reponiendo las partes arrancadas al cadáver con las mismas arrancadas de su propio rostro.

Al aceptar, Telifrón es conducido ante la viuda que lo deja ante el cadáver haciendo constar el estado del mismo por medio de siete testigos. Telifrón se prepara para el velatorio y la noche transcurre tranquila salvo por el hecho de que, en un momento dado, aparece una comadreja en la habitación que lo observa causándole inquietud. Tras echarla, se queda dormido en un profundo sueño del que despierta

---

[1] La edición utilizada es la de José María Royo, mencionada en la bibliografía.

gracias al canto de los gallos. Con miedo comprueba el estado del cadáver, que para su suerte está intacto, antes de que aparezca la viuda con los testigos. Recibe su recompensa y se prepara todo para el funeral.

Durante el mismo, la viuda es acusada de asesinato por parte de un tío de su marido. Para demostrarlo, éste llama a un profeta egipcio para que reavive por un instante al difunto y sea él mismo quien narre lo sucedido. El muerto confirma la teoría del tío, que fue envenenado por su propia mujer para quedarse con sus riquezas.

A pesar de tan grande evidencia, la novia se empeña en negarlo todo y al cadáver no le queda más remedio que demostrar que él lleva razón. Hace reparar a la audiencia en un detalle que parece que todos han pasado por alto: las brujas desposeyeron de nariz y orejas a Telifrón sustituyéndolas por otras de cera debido a una confusión por parte de éstas ya que, tanto el vivo como el muerto, se llaman de la misma manera.

El relato recuerda a los cuentos populares presentes en la tradición cultural de cualquier pueblo. En común con ellos tiene la brevedad del acontecimiento narrado, que se basa fundamentalmente en una sola acción, sin grandes saltos temporales y que avanza, por tanto, de forma lineal desde el comienzo hasta el fin. Sólo hay un momento en el que la acción retrocede, cuando el muerto se ve obligado a narrar lo que sucedió en su velatorio, demostrando la culpabilidad de su esposa.

El final de la historia es, como hemos visto, sorprendente, lo cual es otra de las características de este tipo de relatos. En este caso lo es por dos razones. La primera por el hecho de que alguien sea capaz de hacer volver del limbo, como si tal cosa, a otro que ya está muerto. Sin embargo, este hecho no sorprende en la realidad del relato, sólo en la realidad del auditor/ lector.

El segundo hecho sorprendente, tanto en el mundo del relato como en el del auditor/ lector, es el descubrimiento de un detalle que todos habíamos pasado por alto, el protagonista del relato, encargado de custodiar la integridad facial del difunto, resulta mutilado él mismo sin que nadie, ni siquiera él, se percate de ello, sino que tiene que ser alguien venido del más allá quien lo haga evidente.

A pesar de lo increíble del asunto, el relato está contado de forma realista y verosímil. En la realidad del relato, todos los personajes entienden como normal la existencia de brujas que se dedican a mutilar cadáveres para conseguir ingredientes para sus atroces pócimas y conjuros. A nadie le sorprende la hazaña del egipcio tampoco. El tono realista lo percibimos, además, en la descripción de detalles costumbristas y cotidianos como pueden ser el anuncio del pregonero en la plaza del pueblo o la descripción del velatorio y del funeral.

Los personajes son también los característicos de este tipo de relatos. Para empezar, son pocos, básicamente tres en este caso: Telifrón, la viuda y el muerto. Los tres están muy poco caracterizados y son tipos corrientes de los que sabemos lo básico para entender la trama. No tienen personalidad propia y, salvo Telifrón que es el nexo de unión, ninguno tiene nada que ver con lo que se está contando en la novela.

Aparte de ellos, aparecen en el relato otros personajes que actúan como decorado de la acción y que pertenecen también al acerbo popular. En primer lugar, el pueblo mismo que actúa en común, como una especie de coro cómico dividido en dos facciones, a favor y en contra de la sospechosa viuda. Las brujas y el mago egipcio proporcionan el enlace con el mundo fantástico y sobrenatural y son ingredientes básicos de este tipo de relatos.

Por último, cabe destacar el doble propósito del relato en cuestión. Por un lado, al igual que otros relatos del estilo, tiene la finalidad de divertir, entretener y suscitar la curiosidad del auditor/ lector. Así nos lo hace ver Apuleyo al principio de la novela: "Pretendo con estos escritos reunir para ti, lector, algunos cuentos en prosa milesia. Si te avienes a leer este papiro escrito con fina caña del Nilo, seduciré tus benévolos oídos con una divertida narración[2] …Pon atención, lector, que te lo vas a pasar bien[3]."

El segundo propósito enlaza con la acción de la novela en la que se inserta el relato y va dirigido al protagonista de la misma, Lucio, para que le sirva como ejemplo de cómo funciona el mundo de la magia en la región de Tesalia y así, de paso, satisfacer la curiosidad que éste muestra.

---

[2] Pág. 53.

[3] Pág. 54.

b) La historia de Cárite:

La composición de *El asno de oro*[4] es lo que en teoría literaria se conoce como un *Rahmenerzählung,* es decir, una historia que enmarca otras historias. La trama principal de la novela es la historia de Lucio que, llevado por su insaciable curiosidad, acaba por quedar convertido en asno por obra de la magia. Mientras consigue recuperar su forma humana, vaga por diversas ciudades griegas y vive una serie de aventuras que narra en primera persona.

Entre el relato de las diversas peripecias se insertan, como hemos visto, una serie de historias que, en principio, tienen entidad por sí mismas, constituyendo lo que se conoce por *Novelle* o relatos cortos. Una de ellas es la historia de Cárite, que se narra de forma interrumpida entre los capítulos IV y VIII, y aparece un tanto difusa al estar conectada con la de Lucio y porque también sirve de marco a otras historias como el cuento de Cupido y Psique.

Para analizar el relato nos vamos a centrar en los siguientes aspectos. En primer lugar, situaremos la historia dentro del marco general de la obra para, a continuación, reconstruir la trama del relato. Posteriormente, nos centraremos en la estructura narrativa que nos ayudará a determinar la fábula. Finalmente, destacaremos aquellos aspectos que aparecen en la historia que la identifican con el género relato corto comparándola con el relato de Telifrón.

Veamos, en primer lugar, en qué consiste la trama del relato aislándolo de otros relatos que aparecen conectados:

La historia de Cárite entronca con el relato del robo en la casa de Milón, el huésped de Lucio, y el rapto de Lucio-asno como parte del botín. Los ladrones llevan a Lucio a su guarida que está custodiada por una anciana. Una vez allí, Lucio es testigo privilegiado de las historias que cuentan los ladrones. Éstos salen de noche y regresan entrado el día trayendo como botín a una bella muchacha que no es otra que Cárite, por la que pretenden pedir un cuantioso rescate.

Después de intentar los ladrones que ésta se calme utilizando diversas estrategias, la muchacha acaba por contar su historia tras despertar bruscamente de un

---

[4] vid. nota 1.

sueño en el que había caído debido al agotamiento: en el momento del rapto se acababan de celebrar sus esponsales y es arrancada de los brazos de su madre. Justo al despertarse estaba soñando con el momento en que la sacaban de su casa gritando el nombre de su marido mientras éste perseguía a los ladrones gritando. En un momento dado, uno de los ladrones lo golpea con una piedra y, por eso, ella teme por él y no encuentra consuelo. La anciana interpreta el sueño como positivo y le cuenta el cuento de Cupido y Psique para que se calme, interrumpiendo con ello el relato hasta el final del libro VI.

Cuando la anciana concluye el relato regresan los ladrones de una de sus incursiones llevándose a Lucio y al caballo para recoger el botín que han depositado en una cueva. A la vuelta, Lucio tropieza y queda cojo de una pata. Los ladrones planean matarlo por incompetente. En ausencia de éstos, Lucio decide escapar y evitar la muerte. Rompe las riendas de un tirón y, a pesar de la resistencia de la anciana, escapa con Cárite montada sobre él.

Los ladrones los descubren y los devuelven a la cueva donde acuerdan matar al asno y a la chica. La idea es degollar a Lucio e introducir a Cárite desnuda dentro del cuerpo de éste con la cara al descubierto, abandonándola a merced del sol y las alimañas.

Por la mañana regresa uno de los ladrones que había colaborado en el robo a Milón de Hípata. Allí se piensa que fue Lucio el autor del mismo. El ladrón sugiere la búsqueda de nuevos compañeros para la banda y propone a uno, Hermeo, al que conoció días antes. Los ladrones lo nombran jefe de la banda. Hermeo propone otro final para Cárite: sacar provecho de su hermosura y juventud vendiéndola a un burdel.

Cárite descubre en Hermeo a su marido, Tlepólemo, que ha venido, en realidad, a rescatarla. Antes de iniciar la venta, Hermeo-Tlepólemo propone un sacrificio a Marte. Emborracha a los ladrones y rescata a Cárite a lomos de Lucio. Los ladrones son ajusticiados y Lucio es enviado al campo como recompensa. En este momento, se vuelve a interrumpir el relato con las desventuras de Lucio en el campo.

Volvemos a saber de Cárite al principio del libro VIII. Se trata del relato que pone fin a la historia con la muerte de la protagonista. En la ciudad de origen de ésta vivía un rico heredero llamado Trasilo de vida despreocupada y malas costumbres.

Cuando Cárite llega a la edad casadera, éste le propuso matrimonio. Los padres de Cárite lo rechazan por su fama de persona disoluta. Trasilio no soporta ver cómo se la entregan a Tlepólemo y busca la ocasión de batirse en duelo con él.

La ocasión se presenta tras el rescate de Cárite. Fingiendo Trasilio alegrarse por el feliz final, consigue ser aceptado por la pareja como un amigo fiel. Debido a la cercanía, Trasilio se enamora cada vez más de Cárite y persigue que ésta tenga relaciones adúlteras con él.

Un día Tlepólemo se va con Trasilio a cazar ciervos y este último ve ocasión de tenderle una trampa con la excusa de matar un jabalí que les salió al paso. Los dos salen solos a perseguirlo y el jabalí les planta cara. Tlepólemo se dispone a cazarlo y Trasilio dispara a las patas traseras del caballo de éste. Al caer Tlepólemo al suelo, el jabalí lo ataca y acaba con su vida con la ayuda de Trasilio.

Cárite no soporta la pérdida y Trasilio la consuela. Trasilio le propone matrimonio e incluso le confiesa imprudentemente cómo murió Tlepólemo en realidad. Tlepómeno se le aparece a Cárite en sueños y ésta planea una venganza accediendo a pasar una noche con Trasilio. Lo emborracha con vino y una droga para, finalmente, dejarlo ciego. Tras eso, Cárite se clava la espada de Trasilio en la tumba de Tlepólemo, no sin antes anunciar a los presentes que ya se había vengado del culpable. Trasilio, por su parte, se autocastiga a morir de inanición dentro de la tumba de Tlepólemo.

La reconstrucción de la trama es compleja puesto que la historia de Cárite es paralela a la de Lucio, sin la cual no se entiende. No sólo se ve interrumpida por el largo cuento de Cupido y Psique sino que, además la historia es narrada por varios personajes. Lucio es el narrador principal pero, de vez en cuando, cede la palabra a otro o deja, simplemente que un personaje exponga parte de la historia en estilo directo. Veamos en qué orden intervienen los diversos narradores:

- IV- 23- 25- Comienza la historia con Lucio como narrador. Nos hace saber que los ladrones traen a una hermosa muchacha.
- IV- 26- 27 - La propia Cárite cuenta su triste historia a la vieja y a Lucio.
- IV- 28- VI- 24 – La anciana se convierte en narradora de otra historia, el cuento de Cupido y Psique.
- VI- 25- Lucio retoma la narración de la historia de Cárite.

- VI- 28 y 29- Monólogo de Cárite anticipando cómo recompensará a Lucio si consigue salvarla de los ladrones.
- VI 29- Lucio retoma la narración.
- VI- 31- Uno de los ladrones explica cuál debe ser el castigo de Cárite y Lucio por intentar escapar.
- VII- 1- Lucio retoma la narración y presenta a otro de los ladrones llegado de Hípata que cuenta de forma retrospectiva cómo quedó la situación allí tras el robo a Milón.
- VII- 2 (final)- Quejas de Lucio ante su mala fortuna tras escuchar que todos sospechan de él en Hípata.
- VII- 5 (final)- Hermeo/ Tlepólemo cuenta su historia ficticia. Historia de Plotina que acompaña travestida a su marido al exilio. Propuesta de vender a Cárite en lugar de matarla. Entre medias, trozos pequeños de Lucio narrador introduciendo los parlamentos de Hermeo/ Tlepólemo.
- VII- 11- Lucio narrador cuenta cómo Hermeo/ Tlepólemo acaba con los ladrones.
- VII- 14 a 28- Narración de las aventuras de Lucio en el campo.
- VIII- 1- Un nuevo narrador, en esta ocasión un criado de Cárite, cuenta la tragedia de los amantes con dos interrupciones (VIII- 8 discurso del fantasma de Tlepólemo y VIII- 12, Cárite cuenta en estilo directo cómo va a ser su venganza).
- VIII- 15- Lucio retoma la narración.

Aparte de este complejo juego de narradores y de historias intercaladas, la historia no está contada de forma lineal sino que en su desarrollo aparecen anticipaciones de eventos que van a suceder después, junto a narraciones retrospectivas. Veamos cuáles son las anticipaciones:

- IV- 25- Presagios de Cárite sobre su muerte.
- VI- 28- Cárite cuenta cómo tratará a Lucio si éste es capaz de conducirla salva a casa.
- VI- 31- Un ladrón anticipa cómo será el castigo para Cárite y Lucio por intentar escapar. No llega a materializarse.
- VIII- 2- El criado de Cárite anticipa el trágico final mencionando las intenciones de Trasilo con respecto a Tlepólemo.

- VIII- 11- El narrador apunta al trágico final mencionando las nupcias fúnebres de Trasilio.

Retrospecciones:

- VI- 26- Cárite cuenta su historia tras soñar con ella.
- VII- 1- 2- El ladrón venido de Hípata refiere lo que sucedió tras el robo en casa de Milón.
- VIII- 1- El criado de Cárite pone al lector en antecedentes con respecto a Trasilio antes del feliz regreso de Cárite y Tlepólemo.

Visto lo anterior, la fábula de la historia quedaría construida del modo siguiente:

Cárite llega a edad casadera/ Trasilio pide a Cárite en matrimonio y es rechazado/ Cárite comprometida con Tlepómeno/ Se casan/ Trasilio rival de Tlepómeno/ Cárite es secuestrada por los ladrones/ Se encuentra con Lucio y la anciana en la cueva/ Cárite escapa a lomos de Lucio/ Los ladrones les descubren/ Hermeo- Tlepómeno es nombrado jefe de la banda de los ladrones/ Hermeo- Tlepómeno emborracha a los ladrones y rescata a Cárite y a Lucio/ Amistad fingida de Trasilio hacia Tlepómeno/ Cacería y asesinato de Tlepómeno/ Petición de matrimonio de Trasilio a Cárite/ Aparición de Tlepómeno en sueños a Cárite/ Venganza de Cárite sobre Trasilio/ Suicidio de Cárite/ Muerte de Trasilio.

En lo que al tipo de narración se refiere, observamos que se trata de un relato bastante peculiar. Por un lado, se asemeja en ciertos aspectos a la historia de Telifrón. Por otro, recuerda a las novelas de amor y aventuras de tipo griego sólo que sin final feliz. Pensamos que el relato podría ser una novela truncada o incluso podría tratarse de dos relatos unidos puesto que observamos dos partes claramente diferenciadas: el secuestro y aventuras de Cárite hasta su rescate con final feliz, por un lado y, por otro, el triste final de la pareja de amantes debido a los celos de un tercero.

En cualquier caso se trata de un relato con tono de tragedia romántica muy diferente al de Telifrón. En este caso, no recuerda tanto a los cuentos populares aunque sí que es cierto que cuenta con elementos característicos como la vieja que cuenta historias, los malvados ladrones o el villano Trasilio. Elementos como la torpeza del burro añaden rasgos de comicidad a la narración pero el tono general, como decimos, es trágico, sobre todo en la segunda parte. El mismo castigo a quedar ciego que Cárite impone a Trasilio recuerda a la tragedia de Edipo.

El propósito, por tanto, no es el de divertir y entretener sino que más bien la intención de Apuleyo parece que podría ser la de conseguir la compasión del lector, como buena tragedia. El hecho de que los personajes principales acaben mal no es propio ni del relato corto ni de la novela.

c) Conclusiones:

Como hemos visto, es innegable la maestría de Apuleyo como narrador. La historia de Cárite se cuenta mezclada e interrumpida por otras y, sin embargo, todo ello parece natural pues, a pesar de ello, el lector no pierde el hilo de lo narrado.

Es muy interesante también el juego de narradores que utiliza en los diversos niveles de la narración, ya sea ésta la historia principal o una de las muchas historias intercaladas. Interesantísimo resulta, además, que uno de esos narradores sea nada menos que un hombre metido en la piel de un burro por arte de magia.

Por último, a pesar de ser la adaptación de un original griego, Apuleyo ha sido capaz de superar al original impregnándolo de personalidad latina con su fina ironía y uso del lenguaje, convirtiendo así una obra como *El asno de oro* en una lectura que sigue siendo muy amena y placentera a pesar de haber sido compuesta hace casi dos milenios.

Bibliografía:

- Fuentes primarias:

APULEYO, L. (2008), *El asno de oro*, edición de J. M. Royo, Madrid, Cátedra.

- Fuentes secundarias:

GARCÍA GUAL, C. (2006), "Relaciones entre la novela corta y la novela en la literatura griega y latina", en *Historia, novela y tragedia*, Madrid, Alianza.

GARCÍA GUAL, C. (2008), *Las primeras novelas: desde las griegas y latinas hasta la Edad Media*, Madrid, Gredos.

RUIZ SÁNCHEZ, M. (2000), "Lucio en el campo. Observaciones sobre los libros VII y VIII del Asno de oro de Apuleyo", en *Emérita. Revista de Lingüística y Filología Clásica*.